*Beg sɔl nɔba kuk sup*
An Anthology of Krio Poetry

Edited by

SHEIKH UMARR KAMARAH

and

MARJORIE JONES

WITH FOREWORD BY

ELDRED DUROSIMI JONES

*Beg sɔl nɔba kuk sup*
## An Anthology of Krio Poetry
Copyright © bu S.U. Kamarah & M. Jones (editors)
All rights reserved.

ISBN: 978-9988-1-7281-7

Printed in China

**Sierra Leonean Writers Series (SLWS)**
Mallam O. & J. Enterprises Ltd, Freetown, Sierra Leone
c/o 42A Kofi Annan Ave., North Legon, Accra, Ghana
Publisher: Prof. Osman Sankoh (Mallam O.)
Email: oasankoh@gmail.com

# Table of contents

## FOREWORD

This small Anthology of Krio poetry illustrates how far the language has traveled from the pioneering days when Gladys Casely-Hayford so charmingly portrayed the culture of the small group of speakers which then constituted the Krio community .Thomas Decker had a more theoretical approach and advocated the potential of the language against those who saw it as a mere degenerate form of English, and canvassed its potential by translating from the classics of English Literature, notably Shakespeare, into Krio, to demonstrate its independence and versatility. Since then, preachers, teachers, playwrights, stand-up comedians, politicians and social commentators have used this medium effectively for their own purposes.

The variety of authors in this collection shows the language now established as an artistic vehicle through which the national character can emerge. The poets, from their various backgrounds, are concerned with life -- national life: how the people of Sierra Leone strive to combat their difficulties through humor and tears; highlighted are their beliefs, their hopes, their joys and their disasters. Even in the lighter of these poems there runs a concern for the direction of the nation.

The Anthology adds up to a portrait of the country and a search for its future. Through its feasts, its market places, its religious assemblies, its barbs at corrupt politics, its reflections on life -- sometimes from a position of exile -- the Anthology reveals a truer picture of the country than more academic treatises on religion, sociology and politics. As the poets puzzle out how Sierra Leoneans see themselves as authors or victims of their own predicament they demonstrate once again that art is sometimes truer than fact. We see the ordinary folk, the ordinary locations, the ordinary sufferings which make up the fuller and heavier concerns of the nation. Through the happiness of the feasts, in the good natured banter of the market place and the every day encounters with poverty, deprivation and sacrifice emerges a nobility of spirit, the hope for the health of the nation.

Eldred Durosimi Jones

## INTRODUCTION

Krio is one of Sierra Leone's national languages, and a member of the family of languages called Creoles. As a contact language, Krio derives most of its vocabulary from English (its superstrate language), and its grammatical structure from African languages, principally Yoruba (its substrate languages). Because most of its lexicon is from English, many, including native speakers of Krio, consider the language as 'broken English' or 'patois.' They do not regard Krio as a legitimate language but as a bastardized form of Standard English. Such a perception of the language blocks any possibility of thinking about Krio as a language of literature or philosophy or any other intellectual enterprise. The truth, however, is that Krio is a fully-fledged language in its own right. It is neither English nor a dialect of English; it is not broken English; it is Krio, a language capable of meeting all the communicative needs of its users. This anthology, the first anthology of Krio poetry to be published, is testimony to the autonomy, richness, and literary dexterity of the language.

In 1964, Eldred Durosimi Jones wrote an article entitled, "Krio in Sierra Leone Journalism," published in the *Sierra Leone Language Review* (The African Language Journal of Fourah Bay College—University of Sierra Leone), in which he provided evidence of the use of Krio in the public arena and in poetry as well:

The former *Sierra Leone Weekly News,* which had
very high journalistic standards, used to print local
stories with a great deal of Krio, articles which used
Krio extensively, and long poems in Krio on burning
Social topics. There is some evidence that some of
these
Poems were written by non-Sierra Leoneans who
had
Learnt Krio, and who saw its potentialities as a
means
Of popular social comment. The earliest of these
poems,

which I have seen, appeared in *The Weekly News* of Saturday,

April 21, 1888.


So, for well over a century, many have used, and continue to use Krio for literary expression. The lack of an established Krio orthography has never stopped people from writing plays, short stories, or poems in Krio.


In 1939, Thomas Decker proposed an orthographic system for Krio. In 1980, Fyle and Jones proposed an orthographic system informed by modern advances in Phonetics and Phonology; and in 1984, a group of Sierra Leonean linguists was commissioned to revise the orthographies of five Sierra Leonean languages including Krio. These revised orthographies are recommended for use in schools and other institutions  by the country's Ministry of Education.


The orthography used in this anthology is the one recommended by the Ministry of Education, Science and Technology. This orthography was published in a pamphlet/monograph entitled, *Revised Kono, Krio, Limba, Mende and Themnɛ orthographies* in 1984. All submissions to this anthology have been transcribed into the recommended Krio orthography reproduced below:

The alphabet of the Krio language will be as follows:

A a

Aw aw

Ay ay

B b

Ch ch

D d

E e

ɛ ɛ

F f

G g

Gb gb

H h

I i

J    j
K    k
Kp   kp
L    l
M    m
N    n
Ny   ny
ŋ    ŋ
O    o
ɔ    ɔ
ɔy   ɔy
P    p
R    r
S    s
Sh   sh
T    t
Th   th
U    u
V    v
W    w
Y    y
Z    z
Zh   zh

In this anthology, the authors come from different ethnic backgrounds including native speakers of the language, and in terms of theme and form, the anthology covers a wide canvas. The themes range from politics to the ongoing changes in the structure of the Krio language. The anthology is divided into three chronological categories: The Beginnings, The Pioneers, and The contemporary poets.

The beginnings reflect folk poetry (children's jingles). The assumption here is that Krio poetry had its beginnings in these jingles. While there are no significant social, poltical or philosophical issues raised in these jingles, the form they take utilizes literary techniques like rhyming, assonance and alliteration, signaling the literary potential of the language.

The Pioneers were those who started writing poetry proper in Krio. They used different spellings since there was no established Krio orthography then. Gladys Casely Hayford, Clarice Davies and Thomas Decker are the documented pioneers of Krio poetry. Their poetry deals with several themes including Love, Food, Unity, life's challenges and Time. Gladys Casely Hayford's "Mende Kanya" is a simple narrative poem about growing up, associating childhood innocence with " Mende kanya," a popular snack made from "pounding roasted peanuts, sugar, and finely sieved cassava farina." It is a lighthearted poem every Sierra Leonean child will relate to. For example, the following verses will trigger a quiet smile in the reader:

Mende kanya swit o/Fɔ ayd am insay klas
Dɔk yu ed, ɛn mɔndɔ/bifo yu tich pas

Though written in the 19th. Century, Hayford's "A nɔ no aw a de," is very topical. The theme of the ordinary person's struggle to make ends meet is central to this poem:

Aw fɔ mitɔp di ɛkspɛnsis?

Aw fɔ tren dɛn pikin rayt,
Mek dɛn gɛt gud ɛdyukeshɔn?

Claris Davies's poem, "Kukri Ujman Dɛm," is a tribute to the women whose business it was to prepare and sell to the public the country's staple food, commonly known as, kukri.

Thomas Decker's "plasas" is a process poem. It is about how to prepare different kinds of dish akin to the Krio home. In "Yɛstade, Tide, ɛn Tumara," Thomas Decker uses simile to talk about the nature of these three locations in time. Yesteraday is compared to a junk yard where all kinds of junk are deposited; Today is compared to a diamond, and Tomorrow, to a dream. This poem is a philosophical take on Time.

The contemporary poets, the largest category, are to poets writing in the 20th. and 21st. centuries. These poets write about post-colonial Sierra Leone. Some of the poems deal with socio-economic and political conditions before the horrendous ten-year war, and a good number of them deal with the socio-economic and poltical conditions during and after the war. A cursory look at one poem from each poet will paint a broad picture of the range of themes addressed by these poets:

Dele Charley's "Mek a kray" is a sad commentary on the criminal neglect of an otherwise well-endowed country:

> Wi gɛt flawa gadin/wigɛt fayn fayn flawa
> Wi jɛs lɛf di flawa dɛm/wi nɔ gi dɛn dɔti
> Wi nɔ gi dɛn wata

This poem employs the agrarian metaphor of the "unweeded garden" to talk about how the unharnessed potential of the country leads to decay and ultimate death.

"Bɛn bɛn rod," by Eldred D. Jones, among other things, is about some of the reasons for the current condition of the country. Selfishness and neglect of justice contribute to the country's loss of direction:

Smɔl smɔl wi dɔn cham di tru

Te wi dɔn drɛb jɔstis kɔmɔt midul tɔŋ mek I go
ayd na kɔna

Bay we ɔl man jɛs de luk fɔ in yon bɛtɛ wan

However, Eldred Jones sees a new Sierra Leone in
the horizon rising like "alimɔnin san" but only if
Sierra Leoneans come together to make the new
Sierra Leone:

So una ka mfrɔm ɔl pat na di kɔntri

Man o, uman o, pikin o, ɛn mek wi ɔl ol an

The title poem, "Beg sɔl nɔba kuk sup," by Sheikh
Umarr Kamarah, sees Sierra Leone as a potential
waiting to be tapped. No leader of this country is
supposed to depend on handouts from donors
because the country is rich in resources.

Wiltshire Johnson's "Dombolo" is about hardship
and its symptoms. A well-crafted poem, "Dombolo,"

cleverly weaves unlikely events in nature to paint a picture of unbearable social conditions:

Wɛn bra spayda bigin sɛt trap fɔ mɔnki

Kɔni rabit de langatrot agbado/lɔdamasi dɔn ovatek lahila

Tek tɛm o/Dombolo nɔ de fa biyɛn

In "Wi yon Mozis," Daphne Pratt deals with the implications of the Organisation of African Unity (OAU) meeting in Sierra Leone. She posits that the country's downturn started from that moment:

A de tɛl yu se

Na frɔm da tɛm de/nain di kɔntri bigin/Rɔtin

Eddy Pratt's "Dis Krismas" is about the poet's yearning for "soul food," food from the poet's culture. The poet is clearly tired of eating Roast Turkey and Christmas pudding on Christmas day; he instead asks for "rays bred ɛn keke," and looks forward to cracking "di ɔgfut bon wit mi tit," and

xix

chewing the "krawn krawn pan di kawfut." There is an effective use of sound symbolism in this poem.

Gbanabom Hallowell's "Wit di blakpɔt na mi fes," is a complex poem with embedded images talking about a sundry of subjects. It is a philosophical take on both Nature and human nature and how both critically interact.

In "yanga na pen," Roland Marke engages the pain of ostentatiousness. A sore toe in a new shoe, jerry curls on a burnt scalp are examples of pain people put up with inorder to show off:

> Aw fɔ nak mi sɛrimoniyal klos wit tɛnto?
> Mi blak pɔyntɛd de glita lɛk glas na mi fes
> A shɔb mi kakto saful insay dis nyu pɔyntɛd.

Archimedes Faulkner's "na so i bigin," is the only poem that deals with the origins of the Atlantic Slave trade. The slavers came as guests or strangers and were treated as guests by the unsuspecting hosts. Slavery was kindness repaid with evil:

Bɔt wi pipul dɛm lɛk trenja
ɛn lɛk fɔ trit dɛn fayn/bɔt na de di trɔbul bigin
Bikɔs dɛn bin sabi bɔt dɛn nɔ no

In "Krikɛt na biskit," Emile K. Jones looks at the similarities between the game of cricket and life. The game of cricket is full of uncertainties; one can lose when one least expects to. Life too is uncertain, and like the game of cricket, is full of pleasure and pain: "layf na biskit–I kin brok ɛnitɛm."

Omar Farouk Sesay's "Podapoda," is a creative exploitation of polysemanticity–a word's potential for multiple meanings. "Podapoda" is the term used to refer to both public transportation and the struggle to make ends meet. The poem talks about humans born into poverty, who have to strucggle for everything including their own inalienable rights:

Dɛn bɔn dɛm pan podapoda/ɛn dɛn kam wit podapoda...

Podapoda fɔ it ɛn mɛrɛsin/podapoda fɔ wetin blant dɛm

Pa-Momo fofanah's 'kɔntri we nɔ gɛt bɔda" warns of the danger of not manning a country's borders. The absence of monitoring is a recipe for chaos. In this poem, "Di trenja dɛm kam plɛnti na layn" and 'Dɛm pas chɛkpɔynt dɛm we nɔ gɛt polis," and consequently, "Di trenja dɛm bin drɛb di kɔntriman dɛm kɔmɔt na dɛn os."

Moses Kainwo's "Pɔsin nɔ de" is about perception and reality. The poet seems to be seeing something when his or her eyes are closed, but sees nothing once they are open: "A sɛt mi yay/a si sɔntin/a opin mi yaya/a nɔ si tin."

Ahmed Mansarya's 'Kɔmplen nɔmba 2: nay u," is about corruption. The poem is an address to corruption, listing its effects on the poet and others. The poet effectively uses metaphors and other figures of speech to paint a vivid picture of the effects of corruption:

Aaaaaaaaaaaaaa kɔrɔpshɔn/nay u de drɔ wi klos
biyɛn
ɛn tay wi fut na tik/nay u dɔn dray win a banda
ɛn sɛl wi gi po...
yu dɔn kil wi/yu dɔn drɛn wi bɔbi
Aaaaaaaaaaaaaa kɔrɔpshɔn

Nathaniel Adekunle Pearce's "Di nyu Krio" is an
interesting look into language change. As the
national lingua franca in a multilingual environment,
Krio is bound to grow and expand. This also means
that different Krio dialects will spring up each with
its structural idiosyncracies. This phenomenon has
been going on for a long time, but the war that saw
many people migrate to Freetown, the capital,
highlighted the differences in struicture between
the "Freetown" Krio and the "Provincial" Krio. In this
poem, the poet identifies these new "forms" and in a
light hearted manner, reacts to them:

Masi sɔntin dɔn mit wi o/Nyu Krio dɔn bɔs na tɔŋ
A de go ɛn tɔk/us wan dis? ...

Wi bin de pan kam? Wɛl na in dat.

In "Tranga tɛnda," we see a poem that uses a kind of semi-rhyming pattern. Although the words do not quite rhyme, each verse's last word ends in the sound /a/. The poem is about "Thunder" that hit the poet's veranda "las iya sɛptɛmba." The poem narrates the reaction of the poet to this incident.

The above is by no means an exhaustive coverage of the topics covered by the anthology; it only gives an idea of the variety of topics covered by the anthology.

Sheikh Umarr Kamarah

**USA**

## Beginnings

## Folk Poetry: Children's Jingles

1. A kamin o! Yɛs o
   Go tɛl Mami se: Yɛs o
   Da sup we i kuk: Yɛs o
   Mek i lɛf mi yon: Yɛs o
   Keleju keleju: Yɛs o
   A kech am nak am: Yɛs o

2. Wetman pikin, sɛn am to dɔkta
   Dɔkta se na dɔti malata

3. Go tɛl Mami Nansi se
   Pɔpɔ rɛp na fam;
   Dɛn mɔnki dɛn dɔn it ɔl dɔn
   Dɛn bɛlɛ big lɛkɛ ban

1

## The Pioneer Poets

### <u>Gladys Casely Hayford</u>

**Mende Kanya**

Mende kanya swit O
Yu min se a de ple?
Mek di granat pach gud fashin,
Pak nɔf shuga de.

Mende kanya swit O
Fɔ ayd am insay klas,
Dɔk yu ed, ɛn mɔndɔ
Bifo yu ticha pas.

Mende kanya swit O
Skul des kin swit tu
Bɔt jɛs yu dɔn big lilibit,
Di plɛshɔ dɔn fɔ yu.

Bay wan kɔpɔ yon
Bay tu kɔpɔ yon
Bay tri kɔpɔ yon
ɛn smok am ma!

## Dinner Time

Jen go pul di fufu, Ayɔ tɔn di pɔt;
Bɔbɔ yu go was dɛn plet, mek di sup de ɔt.

Maraya nɔ kam bak yet? Lɔd da pikin slo!
A jɛs sɛn am fɔ go bay rɛs, frɔm lɔŋ tɛm we i go?

Sɔni de ple bɔl na trit. A tink se in de wet
Fɔ mek a kɔl am? A nɔ ful, mi bisin if i let?

Tunu, tɛl yu sisi se if I nɔ go tap
Fɔ nak da piano bɔm, bɔm, bɔm, ɛn tray kan dɔŋ
kan chɔp?

Yu ambɔg mi yu nɔ go gɛt wan gren dray fish sɛf
Jen yu pas di kɔba dish we de pantap da shɛlf

ɔlman fɔ go was in pan! ɔlman tek dɛn spun
I luk lɛk una ɔl nɔ wan go skul dis aftanun.


Jen, Bɔbɔ Tunu, Ayɔ, Maraya, Sisi, Sɔni, Swit,
Se yu Gres ɛn tek yu plet, tɛl tɛnki ɛn go it.



## Courtship


I tinap misɛf tinap te a put in kalbas dɔŋ
A se "Usay yu kɔmɔt bo?"   "A kɔmɔt Fula tɔŋ"
I sɛt im mɔt, mi sɛt mi mɔt; i tan lɛk spirit pas
Sote a drɔ am kam klos mi fɔ kan sidɔŋ na di gras.
Dɛn, nɔto kɔmɔn yan wi yan. If yu yɛri we a de shut!
Wayls mi wan yay jɛs de spay am, frɔm in ed te rich
in fut.
I luk mi, misɛf luk am.  A se "A lɛk yu bo."
I drap in swit yay wan tɛm.  I se "misɛf lɛk yu Jo."
I kis mi, misɛf kis am. Na so mi at de bit.
Dɛn wi tɛl gudbay. A wach am te...i lɔs go dɔŋ di
trit.

4

## A nɔ no aw a de

Biliv mi a de tɛl yu, a nɔ no aw a de.
Sɔntɛm de, a kin grap kɔs, sɔntɛm de a kin pre.
Mi kɔmpin so gɛt kɔpɔ, dɛn nɔ bisin; i lɛk sɔm flay;
A kin mɛmba, mɛmba, mɛmba, a kin mɛmba te a
say.

Aw fɔ mitɔp di ɛkspɛnsis?  Aw fɔ tren dɛn pikin rayt,
Mek dɛn gɛt gud ɛdyukeshɔn?  Slip kin mit man so
na nɛt?
Aw fɔ waka mek a nɔ o dɛt, ɛn sɛl mi fufu blay?
A kin mɛmba, mɛmba, mɛmba, a go mɛmba te a
day.

...

## Mɔnki tɔk, mɔnki yɛri  (Anonymous)

Mɔnki tɔk, mɔnki yɛri
So duya mek wi tray
Gɛt wanwɔd wit wi kɔmpin;
Duya bo, mek wi tray.
Wetin mek wi fɔ de fɛt wisɛf
ɛn kɔt wi kɔmpin trot
tete trenja tek di Kɔntri
tete dɛm tek ɔl wi os?
Bo mek wi put wɔd wan ples
Mek wi si we wi go du
Mek dis kɔntri ya go bɛtɛ
Mek wi tumara go gud.
If ɔlman put yay dɔŋ
ɛn tray fɔ du in yon,
dis kɔntri ya mɔs bɛtɛ
fɔ wi pikin ɛn dɛn yon.

<u>Clarice Davies</u>

## Kukri uman dɛm

Sista Ayi, Mama Prinsɛs, Haja Fatma,
Ya Mabinti, Mama Sia, Sisi Yoyo, Mami Gbese,
Anti Modu ɛn Sisi Kona.
Una ɔl adu o!  ɛn una kushɛ o!
Usay una bafa de?
Wetin una kuk tide?
Kasadalif, tola, granat sup ɔ fray sup?
Mi ɛn mi padi dɛm de rich dɔŋ de
Una jɛs mek ɔl tin chɛn chɛn chɛn.

ɛ! Bifo a fɔgɛt!
Pamayn—nɔ put am plɛnti o!
Pɛpɛ--nɔ pak am o!
Sɔl—mek i nɔ pas o!
Kuk di sup swit
Mek di bafa fayn fayn
Dɛm pan dɛm ɔl kɔba
Klin plet, klin grɔn, klin tebul ɛn chia

7

Klin spun, klin wata, ɔl tin klin.

ɔl dɛm man ɛn dɛm uman dɛm

Kan luk we dɛm de rɔn de kam.

Fɔ kan cham!

Thomas Decker

**Plasas**

Gɛt yu tri big big faya ston,

ɛn dɛn yu mek yu faya gud,

Gud faya ston na ayɛn ston,

Mek big faya wit mangro wud.


Gɛt yu big oku kɔntri pɔt,

Put wata insay rich midul,

Tek dray fish ɛn pɛpɛ we ɔt

Put dɛm insay di pɔt saful.


Di nɛks tin dɛm fɔ put insay

Na nays ogiri ɛn lɔkɔs;

Sɔm grin yabas ɛn rɛd pamayn,

Bif ɛn bigpɛpɛ we nɔ bɔs.

8

Di ɔda tin fɔ put na pɔt
Na plasas we in kayn plɛnti.
Fayn bitalif i swit na mɔt,
Yu kin miks am wit bɔlɔgi.

ɔda wan na sawasawa.
Stil di plasas dɛm nɔ dɔn yet.
Sawasid de we nem shakpa,
Ajefawo---it-dɔn-brok-plet.

Sɔm plasas dɛm gɛt fɔni nem,
Luk lɛk shɔkɔtɔyɔkɔtɔ---
Di nem na Oku Kɔntri nem.
Sewe wan we nem ogumɔ.

Spɛshal plasas de fɔ drɔsup—
Dɛm slipul plasas lɛk ɔkrɔ.
Sɔm pipul lɛk am pas ɔl sup.
Krenkre sɛf slipul lɛk ɔkrɔ.

Wɛn na drɔsup yu wan fɔ kuk,
Wan tin de we nɔ fɔ fɔgɛt

We mek di sup izi fɔ kuk—
Lubi na im nɔ fɔ fɔgɛt.

Wan las tin de fɔ put na pɔt;
Na lilibit nɔmɔ fɔ put.
Witawt am it kant swit na mɔt.
Na sɔl! na lilibit fɔ put.

Naw fɔ drɔ faya lilibit
Mek di pɔt bwɛl saful saful
Te di sup tes ɛn du fɔ it;
ɛn dɛn di sup dɔn du fɔ pul.

Gud wayt fufu frɔm Kin Jimi
Waka gud fashin wit plasas;
ɛn fayn wayt Bulɔm agidi
insɛf kin waka wit plasas.

Salon plasas gɛt ɔda nem;
Dis nem ya na palavasɔs;
Bɔt di 'palava' na di nem
Nɔ min se plaba go kam bɔs.

10

Wɛn ɔl dɛm difrɛn tin na pɔt
Dɔn mek dɛm plaba ɛn bwɛl dɔn
Dɛm kin mek pis ɛn sɛt dɛm mɔt
Na so wi plasas stori dɔn.

Plasas na lɛsin fɔ Salon.
Wɛn ɔl di trayb na di Kɔntri
Dɔn fɛt dɛm fɛt ɛn du dɛm yon,
Dɛm fɔ mek pis na di Kɔntri.

## Slip gud

Slip gud o, bebi gyal!
Opin yay lilibit
ɛn luk mi wan minit
bifo yu slip.

A wan fɔ si da tin
We kin de shayn insay
Insay yu fayn fayn yay
ɛn kɔt mi at.

So! Sɛt yu yay naw nɔ.

A tink se a dɔn si
Wetin a wan fɔ si.
Gudnayt! Slip gud!

## Yɛstade, tide ɛn tumara

Yɛstade jɛs tan lɛk dɛn say
We dɛn de kip fayasay asis.
Yabas kanda ɛn af-af kol
ɛn ɔl kanaba tin lib de.

Di bad tin pas ɔl we lib de
Na plɛnti blak-blak ɛn asis.
If yu shek dɛm tumɔs tumɔs,
Dɔti go kɔba ɔl di ples.
A tink na dɛbul gɛt bɛs-pat pan yɛstade.

Tide na lɛk fayn dayamɔn
We dɛn gi yu fɔ yusɛfsɛf.
I lɛk yu wɛr am ɔ sɛl am,
Na yu wan go mekɔp yu maynd.

So tek tɛm fɔ mekɔp yu maynd;

Duya wach aw di go de go
ɛn du wetin yu wan fɔ du
wit ɔl yu at ɛn ɔl yu sol.
Tide, fayn fayn tide, nay u ɛn God gɛt am.

Tumara in jɛs tan lɛk drim.
Sɔntɛm di drim kin kam bi tru;
Sɔntɛm natin nɔ de pan am.
Pan ɔl dat man kant tap fɔ drim.

Bɔt ɔl di sem fɔ tray fɔ drim
Swit drim nɔmc bɔt tumara
ɛn abop se ɔl dɛm drim ya
Dɛm ɔl go kam bi tru bambay.

Na Mankayn drim ɛn God nɔmɔ gɛt tumara.

## The Contemporary Poets

<u>Dele Charley</u>

**Mek a kray**

Mek a kray?
Nɔ, nɔ kray
Mek a kray?
A wan kray
Duya nɔ kray.

Wi gɛt flawa gadin
Wi gɛt fayn fayn flawa
Wi jɛs lɛf di flawa dɛm
Wi nɔ gi dɛn dɔti
Wi nɔ gi dɛn wata
Wi nɔ gi dɛn fatilayza
Di flawa dɛn begin wida
Dɛn begin day
Fayn fayn flawa
Mek a kray?

Nɔ, nɔ kray

Mek a kray?

Nɔ, nɔ kray

A wan kray

Duya, nɔ kray.


Wi neba gɛt gadin

Bɔt I nɔ gɛt flawa

I kam na wi gadin

Kam luk wi flawa dɛm

I gi dɛn dɔti

I gi dɛn wata

I gi dɛn fatilayza

Wi tinap de luk

Di flawa dɛn wek

Dɛn pul fayn fayn flawa

Wi neba kɔt go sɛl

Wi tinap de luk

Wi skiad

Wi shem

Wi nɔ fit du natin.

Nɛt kam tifman kam kɔt
Wi fayn fayn flawa
I at wi
Wi fil am bad
Na da tɛm de
Wi si di flawa dɛm
Se dɛn fayn
Bɔt wi nɔ fit ala
Wi nɔ fit du natin

Na fɔ kray?
Nɔ, nɔ kray
Mek a kray?
Nɔ, nɔ kray
A wan kray
Duya nɔ kray.

<u>Eldred D. Jones</u>

## Bɛnbɛn Rod

Di rod lɔng ɛn tranga ɛn ful wit chukchuk ɛn big big
ston
Sɔntɛm wi kin lɔs insay dak dak bush ɛn nɔ no usay
wi de
Bɔt wi fɛt sote wi kam bak na di rod

Naw ɔldo wi fut ɔl dɔn brus, wi dɔn klem rich pantap
di mawnten
Wit wata na wi yay wi de luk di ol kɔntri we wi sɛf
dɔn pwɛl
Di grin tik dɛm dɔn blak wit faya
Faynfayn grɔn fɔ plant dɔn sok wit blɔd
Tɔŋ ɔl brok, pipul ɔl dɔn skata ɛn nɔ gɛt ples fɔ tap
Pikin dɛm nɔ ɔndastand aw ɔl dɛm pikin layf jɛs pwɛl
so

Smɔl smɔl wi dɔn cham di tru

17

Te wi dɔn drɛb jɔstis kɔmɔt midul tɔng mek i go ayd
na kɔna
Bay we ɔl man jɛs de luk fɔ in yon bɛtɛ wan

ɛn nɔ bisin bɔt in neba yon
Wi dɔn pwɛl ɔltin fɔ ɔlman
Bikɔs wan man nɔ wan tek kɔntrol
Wi dɔn chok fridɔm insɛf ɛn kil am

ɛn pe fɔ tɔn wisɛf to slev
Na wi kɔntri dis? Na wi Salon dis?

Bɔt wi dɔn de pantap di mawnten
Di wata dɔn was wi yay ɛn mek wi si gud fashin
Wi dɔn si wisɛf, ɛn wi kin stat nyu layf.

So aw wi de waka kam dɔŋ di mawnten
Mek wi tap na rod ɛn kol wi fut na watasay
Mek wi fɛn wi ol tul bak, mek wi shap wi o
Dig di grɔn, ɛn lɛ wi plant tru wantɛm mɔ
Mek wi miks dɔti ɛn bil wi os dɛm bak
Mek wi it bɔt mek ɔda pɔsin gɛt dɛm yon
Mek wi gyad wi fridɔm ɛn nɔ slip

Mek wi koks jɔstis kam bak na tɔŋ
Mek dɛn pikin bi pikin bak
Mek dɛn it bred ɛn lɛf fɔ cham ston
Wi uman dɛm go bi mami fɔ di ol neshɔn
Wi go bil dis kɔntri bak
Wi we dɔn waka insay faya ɛn kɔmɔt klin
Wi we dɔn yɛri tɛnda krak ɛn fred
Wi we dɔn luk laytin insay in yay ɛn dɔn sok na ren
Wi go bil dis kɔntri bak
Di man dɛm de, di uman dɛm tinap trɔŋ lɛk rɔk


ɛn Gɔd nɔ mek wi kɔntri po


Di lɔ dɛm we wi mek wi nɔ fɔ tek dɛm ple
Wi nɔ fɔ bigin krach dɛm ɛn pwɛl dɛm


ɛn mek wi nɔ sɛl di wanol kɔntri fɔ wi yon bɛnifit


So una kam frɔm ɔl pat na di kɔntri
Man o, uman o, pikin o, ɛn mek wi ɔl ol an


ɛn waka go insay di nyu Salon
We de grap lɛk alimɔnin san

19

<u>Sheikh Umarr Kamarah</u>

**Beg sɔl nɔba kuk sup**

Yɛstade, yu kɔmɔt *Bulɔm* go beg fufu na *Estin*

Di ɔda de, yu kɔmɔt *Rokupr* de go beg rɛs na *Koindu*

Wetin mek ɔltɛm yu kin kɔmɔt go beg sɔl na neba os?

Yu kin tek kunu pantap sɔlwata

De go fɔ go beg sɔl

Put ed dɔŋ ba, luk dɔŋ da wata we yu kin krɔs de go

Bɔku sɔl lib de

Sɔl prɛd dɔŋ yu yon wata lɛkɛ wɔlbank kapɛt

Pa, beg sɔl nɔba kuk sup ya


Es yu ed luk!

Da big wata we prɛd lɛkɛ jama mata

Nɔto kɔmɔn fish ɛn shrimp lib de

Na pan am dɛn pul gi yu

Na da dina na wɔlbank da tɛm

20

We yu go beg lili s

Da fish–ed we yu cham na *China* te yu rɔnbɛlɛ

Na dɔŋ da wata na yu kɔntri i kɔmɔt

Beg sɔl nɔba kuk sup saaaa!


We yu si plasas nɔ swit egen na wi kɔntri

Na we na beg wi de beg sɔl

Aw na si yu nɔ de si

Na yɛri yu nɔba yɛri ?

Yɛri nɔ: beg sɔl nɔba kuk sup!


Tide, traktɔ dɔn tɔn kɔmiɛl

As i rich wataki, in kɔla chenj

Usay rɛs de kɔmɔt naw ?

Luk sɔyl de wes na grɔn


Yu bega bega dɔn gens yu pikin dɛm

Lɛkɛ we fufu kin gens fɔl

Yu nɔ go fɛn yu yon sɔl ?


Uskayn nɔys dis na tɔŋ ?

ɛnisay pɔsin pas, mashin de kray

gbur—gbur—gbur, hmm—hmm—hmm

21

os tɔn pawa haws
*Bumbuna* de wes
Yu grap de go beg janaretɔ
Put yay dɔŋ, opin yu yay
Yu go si ɔl tin na grɔn we yu de grap go beg to neba
Duya, beg sɔl nɔba kuk sup.


**Aw wi yon tan so?**


Mama ya, wi yon tɛm na yabas bag
If yu mistek ib yu drim de
Na grɔn yu go butu pik in bɔs wan

Tɛm bin de we yad tamatis de wet fɔ in yon tɔn
Os fɔl de it rɛs ɛn fufu fitifata
De wet fɔ da big trenja
Pikin de wet fɔ it kol rɛs na mɔnin
Kasada tik de drɛb "thamalamgba" na bush
Rɛp mangro de wet fɔ dadi briz
Na so i kin de swing so lɛkɛ chif insay amaka
Dat na di tɛm we gari na mumuyɛrɛ

Kasada bred ɛn fish de swank na Wɔtlo jɔnkshɔn
Bɔs ɛn tren de na layn
Ticha de, dɔkta de, inginia de, lɔya de...ɔlman de
ɔltin de...


\* \* \* \* \* \*\* \* \* \* \* \* \* \* \* \* \* \*


Tinada kam, kam tɔn ɔltin oba
Otutu blo
ɔlman skata go fɛn blankit
pipul dɛm tɔn awujɔ tikpun


Lɔdamasi usay di gras go?
Dis fil we dɔn tɔn sansan grɔn so
Bin ful wit gras
Na so i grin  ɛn fayn we dɛn kin dɔn bab am
Wetin mek gras nɔ de egen?


Tide dɔkta de chuk sikman wit ɔt wata
Gi edat mɛrɛsin fɔ rɔnbɛlɛ
Tek tawɛl mek stɛtoskop
A se, aw wi yon tan so?

Inginia?  Us wan yu bi?

Luk di wɛl-rod dɛm we wi gɛt

Motoka de lɛf rod go pas na bush


Tide Ticha de wok fɔ babu

In yon pe na bay Gɔd kɔni

Skul pikin de tot in yon chia go skul

Bo, aw wi yon tan so?


Na wi de las na wɔl indɛks

Bɔt na wi de fɔs day

Wi gɛt dayamɔn, wi nɔ gɛt rɛs

Wi gɛt gold, wi nɔ gɛt tit

Wi gɛt wata, wi an dɔti

Dɛn kin se, "wata nɔba dray na krab ol"

Bɔt wi yon "wata pas flawa"

Brabi, aw wi yon tan so?

**Wetman awujɔ: globalayzeshɔn**

Wetman gɛt sɛns lɛk kɔni rabit

Fɔs I kam kam gi wi in yon buk fɔ lan

Bɔt di buk bɛr insay in yon langwej

Fɔ fɛn am wi fɔ lan wetman langwej

Dɛn tek kɔni kil wi yon Gɔd

Dɔn wi tek kɔtlas chap wi yon kɔlchɔ

We dɛn si se wi dɔn wɛr insay gud fashin

Wi dɔn jegejaga wi ples dɛn gud gud wan

Wi dɔn kɔnfyus lɛk fɔl na yuba kɔntri

Wi jɛs de liv bay dɛn yon Gɔd in kɔni

Dɛn grap se wi ɔl fɔ mek Awujɔ:

ɔlman fɔ fes kam tin we i sabi mek

ɛn tin we i gɛt

fɔ put insay di awujɔ pɔt

Wetin wi go fes kam?

Wi nɔ de plant wi yon rɛs

Wi nɔ sabi mek klos ɛn sus

Wi istri de insay wetman buk
Wi kɔlchɔ dɔn day wit wi grani ɛn granpa dɛm
Wi yon sɛns na falamakata
Wɛl, wi go jɛs bi di Awujɔ Tikpun


Wiltshire Johnson


**Dombolo**


Wɛn ɔlamgba bigin cham banga,
Dɔn bra lɛpɛt stat fɔ rɔnata kondo,
Wɛn bra spayda bigin sɛt trap fɔ mɔnki,
Kɔni rabit de langatrot agbado,
Lɔdamasi dɔn ovatek lahila,
Tek tɛm o
Dombolo nɔ de fa biyɛn.

Wɛn kɔtintri bigin go lukgrɔn,
Malombo fɔ pul gud sara,
Wɛn kombra fɔl bigin rɔb lipstick,
Kɔntri fatfut stat fɔ tay jigida,

Lakpa–lakpa wan fɔ mared Bebi Lu,
I dɔn dɔn pan ple
Dombolo nɔ de fa biyɛn.

Wɛn Talabi bigin dans Gɔngɔli,
Swityay dɔg stat fɔ wɛr tifyay ashɔbi,
ɔrinch stat fɔ bato bitalif,
kɔniman fos fɔ tɔn kangaman  bay kɔni,
na agidi dɔn rɔn got bɛlɛ,
stɔp
Dombolo nɔ de fa biyɛn.


## DAPHNE PRATT

### *Wiyon mozis*

Yu no wetin Shaki du?
I gri mek di O.A.U.
Mit na dis wi fayn kontri
1980

A de tel yu se

Na frɔm da tɛm de
Nain di kɔntri bigin
Rɔtin

Nɔto kɔmɔn mɔtoka dɛn bay
Dɛn put trit layt ɔlsay
Frɔm dat wi nɔ de witawt
Blakawt

Dɛn wes wi mɔni mɔ
Pɛtrol bigin fɔ drɔ
Fɔ bigin kyu
Bin nyu

Wi gladi fɔ Mɔmɔ
Bɔt wi go biɛn mɔ ɛn mɔ
In nɔ bin bisin
Bɔt natin

Na frɔm bad to wɔs wi go
Di rod dɛn badɔf so
We mɔnt dɔn man nɔ de
gɛ pe

Gi mi mi mɔni
Na dat bank nɔ bin wan yɛri
Na plaba fɔ mek dɛn gi
Yu yu yon mɔni

Ivin di rɛvolyushɔn
Nɔ tap kɔrɔpshɔn
Dɛn ɔl na bin
Sɛm tin

Di sojaman dɛnsɛf bigin tif wi
Dɛn molɛs wi, dɛn bit wi ɛn kik wi
Lɛk se wi na dɔg
We ambɔg

Nain dɛn uman dɛn tawa
Dɛn tɔk wit pawa
Se wi want ilɛkshɔn
Wi gens wit gɔn

Nain Gɔd gi wi Jona
Wi gɛ di ilɛkshɔn o, bɔt oya

Di kɔntri stil tɔnoba
Wi nɔ soba

Di gɔvmɛnt nɔ gɛ kɔnshɛns
Dɛn trit wi lɛk nɔnsɛns
Dɛn nɔ de lisin
Bikɔs dɛn nɔ bisin

Den jɛs de ful dɛn yɔn kɔp
Wi tɔk dɛn lɔk wi ɔp
Da tin we wi yay de si
Nɔto 'democracy'

Papa Gɔd wi want tranga lida
Ɛn i fɔ gud ɛn klɛva
Udat yu go fɛn
Fɔ sɛn

Di pɔsin nɔ bɔn yet?
Aw lɔŋ mɔ wi fɔ wet
Ɔ na wi
Nɔ rɛdi?

30

Yɛstade a sɛn "e-mail" to Gɔd

A de wet fɔ gɛ wɔd

A se Papa Gɔd duya wi wan fɔ bay rɛnt ɔ lis

Wiyon Mozis


## Mared de tide


Di yawo in mami ɛn dadi

Nem mista ɛn misis kol

Nɔto kɔmɔn yagba tide

Tɛn Gɔd dɛn nɔ tu ol

Fɔ di ɔp ɛn dɔŋ

We kin de na mared os


Rays brɛd ɛn kek wansayna

Chikin de fɔ ros

Jɔlɔf rɛs de kuk

Di smɛl de nak mi nos

Bɔt smɔl bus bus mɔs de

Wans na mared os

Sɔf drink ɛn jinja bia
Dɔn pak ay wan na kɔna
Di ad lika fɔ flo
Bɔt i nɔ go tu mɔna
Bikɔs di fambul big
Ɛn na mared, ɔlman go ib.


Di yawo in let lɛk ɔdɛ
Dɛn stil de mek in ia
Di fan na di chɔch nɔ de wok
Na bia wi jɛs gɛ fɔ bia
Dɛn dɔn kam! Luk di chif braysmed
E; a mɛmba miyon mared


lɔd av ma, dɛn nɔ sayn dɔn yet?
Na di wanol chɔch den de kɔl?
Luk da wan de in yon at
We i fiba futbɔl.
Na naw dɛn de kam na do
A; bɔt Ɔrɛ fayn tide o!


Mared de na ya?
Mared de!

32

Yawo mami de na ya?
Yawo mami de!
Ɔkɔ mami de na ya?
Ɔkɔ mami de!

Una kɔmɔt na rod
Di ɔntin dɛbul dɔn kam
Luk we i de dans
Digi dig digi dam
Ib fɔ dɛm, nɔ fred
Dis na Ɔrɛdɔla Kol in mared

Yawo mami ebi so
Luk am insay pala
Mama yu si stayl
Misɛf yon ashɔbi na bin yala
E; luk we dɛn de shire
Dis na fɔ jɛs de kɔle

Ibi ibi
Gi dɛn kol wata
Iɛ di gumbe bit
I boko boko bam, boko boko boko bata

Iɛ di maylo insɛf nak
Mared na fɔ dans,it, drink ɛn chak

Ɔkɔ mami de
Yawo mami de!
Ɛnjɔy di gumbe
Day nɔ de!
Day de?
Day nɔ de!

Ibi ibi ura
Ayo ol am gud fɔ wi ya
Ol am gud fɔ wi ya
Poko poko pam, poko poko poko pata
Shek yu wes, shek yu wes
Ɛnjɔy di gumbe
Shek yu wes, shek yu wes
Mared de tide

**Ku**

Paw Paw
Wetin de bi
Bu–bu bum
Gɔd ɛp wi

Lɔd a masi
Dɛn de shut gɔn
Kiti kata
Ɔlman de rɔn

Bifo jako kɔt yay
Pap pap pap
Dɛn ɔl don lɔk
Ɔl dɛn shap

Dɛn ɔfis sɛf
Bam bam
Ɔlsay dɔn lɔk
Ɔl domɔt dɔn jam

Skul tɔnoba

Wi ɔl ayd ɔnda tebul
Mi a jɛs bigin fɔ pre
Fɔ rɔn sɛf a nɔ ebul

Uskayn trɔbul dis
Dis 8 o'klɔk mɔnin
Dɛn mami ɛn dɛn dadi
De rɔn kam tek dɛn pikin

Us Gɔd fɔ kɔl?
Ɔlman de ala woyo
Wetin de bi?
Nobɔdi nɔ

Shut de shut
Bɔ – bɔŋ bɔŋ
Dɛn rɛbɛl dɔn kam
Na tɔŋ

Sojaman de faya
'Pakum pakum'
Na fɔ tray rich om
BU–BUM BUM!'

Opin kwik
Go insay
Lɔk di get
Ɔbay!

Ɔlman dɔn kam
We Ibidu?
Ɔbayinde, ɔlayinka, Junyɔ
Grani we yu?

Lɔd a masi!
Wetin de bi?
We di redyo?
Papa Gɔd ɛp wi !

Bring di redyo
Mɔmɔ se, nɔ fɔ wɔri
Saydu Josɛf Mɔmɔ se
Na in stil gɛ kɔntri

Dɛn se nɔto rɛbɛl
Na wi yon sojaman

37

We kɔmɔ wɔ frɔnt kam
Wan pul pawa na Mɔmɔ an

Bɔt Mɔmɔ se
Nɔ fɔ wɔri
I tɔk bak se
Na in gɛ kɔntri

Wetin Fokɔs se?
Yaya Kanu jɛs anawns se
Wi don gɛ nyu Gɔvmɛnt tide
Mɔmɔ don rɔnawe

Nyu Gɔvmɛnt fɔ wi
Dɛn kɔl dɛnsɛf N.P.R.C

Nyu Gɔvmɛnt fɔ wi
Dɛn kɔl dɛnsɛf N.P.R.C

**Wata**

Wata swit o
Wɛn yu fil ɔt
Yu tɔn wan kɔp
Kɔl wata na yu mɔt
Na da tɛm de yu go no
Se wata swit o

Wɛn di ples ɔt bad
Yu go ɔnda shawa
Ɔl oba yu bɔdi
Yu fil wata in pawa
Yu kin wan sidɔm te
Ɔnda di wata de ple

Ɔ if na wɔshyad
Yu tot bokit go we yu grap
Yu ib kol wata
Yu nɔ kin wan tap
Wɛn wata ɛn bɔdi mit
E! Da wan de swit

Pɔblik ɔlide

Usay una rich?

Di wanol tɔŋ go

Na Lɔmli Bich

Di ples ful so

Bo Gɔd wata swit o


Nɔ fɔ kɔnt ɔmɔs

Bɔy pikin dɔn day

Fɔseka di dɛbul

Na watasay

Di wata kin de kɔl dɛn so

Dɛn kin jɛs de go – de go


Wata swit o – bɔt

Fɔ tek tɛm lili bit

We wi de ɛnjɔy

Di wata we swit

Wata kin bring day!

Na wata – de pan kray!

Eddy Pratt

## Dis Krismɛs

Dis Krismɛs, Modu duya nɔ gi mi "Roast Turkey"
Duya bo, nɔ gi mi "mulled wine" ɔ "Christmas Pudding"
A dɔn taya wit dat.
Gi mi rays bred ɛn kek
Gi mi jinja bia
Kuk ɔt pɛpɛ sup;
A wan fɔ krak di ɔgfut bon wit mi tit
ɛn sɔk di nɛmɛnɛmɛ.
A wan fɔ cham di krawn krawn pan di kawfut
Te mi yes taya wit di sawnd.
Kuk wet bitas ɛn fufu;
Mol di fufu lɛk aw mi Grani Lɔrɛta kin du
Nɔ fɔgɛt mi ɔti ɔti—a gɛt fɔ mɛmba mi fambul dɛm
Duya Modu du dis fɔ mi;
Dis Krismɛs mek a fil Salon.

41

## Gbanabom Hallowell

### *Wit di blakpɔt na mi fes*

Wit di blakpɔt na mi fes a lɛf di awujɔ de kray.

Di rod de rap lɛk snek ɔnda mi fut as a de mekes.

ɔda pipul dɛm de laf na di awujɔ

Bɔt di wind de drɔp fɔ mi dɛn at na di lif.

Luk di brawn lif wit tit mak

Luk di tit mak wit bled kɔt

Luk di bled kɔt wit tatanɔs.

Di blakpɔt na mi fes gɛt ɔyl, ɛn mi bɔdi de krach.

Di rod ɔnda mi fut gɛt ol skin, ɛn mi ɔndafut de bɔn.

Di bush na mi lɛft nɔ bi di sem wit di bush na mi

rayt.

Na mi lɛft, a de si mɔtal man wit dɔg bɛlɛ

A de si brawn lif de dans na tik

A de si di san de opin yay pan di dak tik dɛm

42

A de yɛri awujɔ laf de kɔmɔt frɔm di rut, o dray
fɔrɛst!

A wep mi fes bɔt di blakpɔt de krach mi bɔdi
Di rayt bush dak lɛk di lɛft bush, bɔt a de si mi
Fes na di wata we de bɔtɔm
A de si di skay in yɔng fes wit di lili pikin sta dɛm.
A nɔ si mɔtal man, a nɔ si dɔg
A nɔ si mɔtal man wit dɔg fes
A nɔ si dɔg wit mɔtal man fes.
A de si tik klawd de rap rap lɛk boman snek.
Dɛn as in opin ɔp, nɔda tik klawd tɔch di lif dɛm, o
wɛt fɔrɛst!

Tretewe, di blakpɔt ɛn di ɔyl lɛf mi fes,
ɛn di wata na mi yay dray, ɛn di bɔku laf na di awujɔ
dɔn
ɛn di rod tret im bak bifo mi. Wɛn a luk bak, a si
Tik smok de kɔmɔt na di awujɔ, bɔt a wɔri se
Di ples jɛs kwayɛt lɛk nɔto di chif in os de sɛlibret.

<u>Roland Bankole Marke</u>

**Yanga na pen**

A nak tɛnto ɛn bɔs trɔsis ɛn kɛk skul
Mi padi dɛm sɛf de laf mi lɛk kresman
Dɛn nɔ no; na sɔntin mek mɔnki cham pɛpɛ
A de shem fɔ dis *disgraceful punishment*
A bɔk mi ɛgzam kpata kpata lɛkɛ fulumunku
Di shem, ɛn mi oju de na grɔn de ɛn nɛt.

A lɛk fɔ ple bayt gem wɛn wi kɔmɔt lɔnch
A fɔgɛt se tɛnto ɛn ton na lɛk pus ɛn dɔg
A kad dɛm bakman, bɔt as a de skɔ di bɔl
Mi tonel ɛn di bɔl flay lɛk laytin insay di gol
A skɔ di wangren gol di yanga sɛf si pen
*Way-o-ya..* a hala, mi tim win: bɔt u sɔfa?
Dɛm nɔ no se a dɔn tot bebrebe wahala
Mi fɔsted ticha trit mi kakto wit ayodin
ɛn rap di kakto wit bandej ɛn kɔtinwul
Kakto bɔy! mi padi de laf mi lɛk a kres
*Ton gi am rod, jiga de kam...jiga de kam*

Aw fɔ nak mi sɛrimoniyal klos wit tɛnto?
Mi blak pɔyntɛd de glita lɛk glas na mi fes
A shub mi kakto saful, insay dis nyu pɔyntɛd
A tek tɛm fɔ mek nɔbɔdi nɔ mas mi big to
A wet fɔ taksi sote a ɛnd ɔp fɔ tek poda–poda
Ples sɛf nɔ de fɔ mi, so a ɛng na di telbɔd
As di aprɛntis jomp insay, bra kakto kin wisul
A de shem fɔ hala, a ya wan ebi mami
Mas di kakto sote sus bɛn, kakto begin blid
*Way–o–o mami yu de mas mi:* mɔnki cham pɛpɛ
Pɛpɛ bin de nia, as a pul mi sus briz de blo
Pɛpɛ mared mi kakto—a hala mɔdra lɛkɛ rɛbɛl.


Nyus kɔmɔt se krim niali fray Pɔlina in mol
ɛn i mared to jɛri kɔl, yanga pikin mared pen
Dɔkta in sɛf it in yon wɛn push kam pan shɔb
Bɔla sɛf tek in fɔs mɔnt pe fɔ bay dia stilɛto
ɛn mama sɛf rap di sus na tawɛl put am na tebul
Bɔys opin di tawɛl as gape bin de waya, I vɛks lɛk tik
Udat fɔ fid awangɔt man we nɔ wan pul mɔni?
Yɛnki juvi sɛf pul in frɔnt tit dɛm, ɛn fiks goltit
In gɔm swɛl lɛk balun, fɔ slip na nɛt na wahala
Grani kin sing if yu lɛk yanga rɛdi fɔ fil di pen.

## Archimedes Faulkner

**Na so i bigin**

Dɛn lɛf dɛn os fɔ go na fam
Usay dɛn kin go wok ol de
Wetin apin o, ɔ wetin nɔ apin
Dɛn nɔ tɔn bak te tide.

Na wetin apin o, na wetin apin?
Sɔm se dɛn yɛri katakata na rod
Pipul dɛm de rɔn ɔlɔbɔt
Trɔbul dɔn kam na tɔŋ.

Dɛn kam lɛk se dɛn na trenja
Gud pipul we wan fɔ du biznɛs.
Wit rɔm, tabaka, gɔn pawda, ɛn bid
Fɔ tredin wit wi pipul dɛm.

Bɔt wi pipul dɛm lɛk trenja
Ɛn lɛk fɔ trit dɛn fayn

46

Bɔt na de di trɔbul bigin
Bikɔs dɛn bin sabi bɔt dɛn nɔ no

Wetin apin o, na wetin apin
Dɛn dɔn kech dɛm o, dɛn dɔn kech dɛm
Dɛn dɔn kɛr dɛm go o, dɛn dɔn kɛr dɛm
Lɔda masi o, lɔda masi.

Dɛn trenja dɛm dɔn kɛr dɛm go
Insay wan os we de pan wata
E! Gɔd, usay dɛn de kɛr dɛm go?
Mi, a nɔ go si dɛm igen

Emile K. Jones

**Apasepe  L.o.v.**

Male voice:

Apasepe yupu nɔpɔ nopo sepe a de fɔl fɔ yu,
Bebi its tru.
A dɔn kɔt sayt ɔf yu magnifisɛnt byuti frɔm wi de
skul,
Bebi, yua kul.
A no se di wɔl si mi as fɔmful man.
Bɔt bebi, gi mi chans fɔ sho yu aw a riali tan.
A gɛt tu tikit na mi pɔkit
Fɔ da dans nɛks wik,
Mi faynfayn chik,
Dalin-switi,
Kan go dans wit mi.

Female voice:

Agra grigri fɔgrɔ grogro wigrit yugru nɛks wik da di
dans,

48

A go tek di chans.

Bɔt if yu de tink bɔt ɛnitin sɔplɔs

Tɛl mi pipul fɔs,

Dat na mɔs!

A dɔn yɛri se yu na rial jɛntulman.

Bɔt l.o.v. mins peshɛns

ɛn fɔ lɛf ɔl lay ɛn nɔnsɛns.

So if yu de plan fɔ mared mi

Lɛ ɔlman si se yu lɛk mi.

Dalin-switi,

Put stɔp fɔ mi.


Choir: mixed voices:


Di tɛm dɔn kam fɔ klap wi an stamp wi fut,

So lɛ di gumbe ple,

Ipip ure (ibi ibi).

Wi ɔkɔ ɛn yawo-o dɛn luk so fayn-

Ashɔbi de na layn.

Yawo mami bin gi in wɔd ɛn ansa yɛs.

Gɔd mami, fambul ɛn padi wi ɔl se "God bless,"

So as wi drink di tost, ɛn it jɔlɔf, kek ɛn rays bred

Let it be said:

Big ɛn smɔl,
Lɛ Gɔd blɛs wi ɔl.

Note: Words inspired by Horst Jankowski's "Walk in the Black Forest."

## Di prɔblɛm wit ɔga-nayzeshɔn na Afrika

ɔlman wan fɔ bi ɔga –
fɔ bil fayn os ɛn drayv big mɔtoka.
Di rod dɛn de pwɛl so wi jɛs de chenj bɛnz.
Brɔda, sista dat mek sɛns?
Pamayn so dia, na wet sup man de kuk.
Wi ɔl de sing ɛn pre, bɔt sɔm se, "Gɔd nɔ fɔ luk."
Aw fɔ stɔdi na nɛt, wɛn layt nɔ de?
Nɔto dat mek di yɔng wan dɛn de rɔnawe?
Lɛ wi gɛt smɔl kɔnshɛns
ɛn tɔn wi bak pan dis nɔnsɛns
So dat chɔk go de na skul
Nidul ɛn mɛrɛsin na ɔspitul.
Na sɛlfishnɛs de pwɛl biznɛs.
If di kɔntri rɔf, wi nɔ fɔ sɔprayz:

ɔlman wan fɔ bi ɔga—bɔt oya, wi nɔ ɔganayz.

## Krikɛt na biskit

Krikɛt na biskit– if yu lɔs, nɔto shem;
Bɔt fɔ ple at ɔl, yu mɔs sɔfa sɔm pen.
Fɔ bol ɛn bat, ivin fɔ fil nɔ so izi.
ɛn if yu wan fɔ du wɛl, yu nɔ fɔ bi lezi.
Di tu ɔmpaya, we de wev an lɛk trafik polis,
Gɛ fɔ disayd: I kech di bɔl ɔ i mis?
Lisin: fɔ ple krikit nɔ izi.


Layf na biskit – i kin brok ɛni tɛm.
Sɔmtɛm i go swit lɛk shuga, ɔda tɛm i sawa lɛk lɛm.
Bɔt lɛm nɔto pɔyzin, i gɛt vaytamin si,
So rɛdi fɔ lan lɛsin wan, tu, tri:
Wan: layf, lɛkɛ krikɛt, bɛtɛ wɛn wi ple lɛk tim.
Tu: yu nɔ go ɔlwez win.
Tri: Gɔd na di tru ɔmpaya–I de si wetin tru ɛn wetin
na lay.
 So layf nɔ izi, bɔt bay Gɔd in pawa, wi go tray.

51

## Salon, wi om

**1:**

Salon na ples we wi riali mis, o

King Jimmy bonga, na tin we swit, o

Frayfish, ɔlɛlɛ, ɛn mas agidi,

Magazin pipul ɛn ɔl wi padi;

Wɛn chɔch bɛl ring, wɛn di kwaya sing,

Ista kayt de flay:

A sɛt mi yay saful ɛn tink bɔt mi om

ɛn fɔ tru a wan fɔ kray.


**2:**

Yabas ɛn pɛpɛ ɛn akara gud, o

Fufu ɛn bitas, gari wit ɔkrɔ

Sakitɔmbɔi, jolabete,

Kol jinja biya ɛn jɔlɔf rɛs de:

Kongo makit, wit big baskit, pɛpɛ bɔd de flay.

A sɛt mi yay saful ɛn tink bɔt mi om

ɛn fɔ tru a wan fɔ kray.


**3:**

Mɛnde ɛn Limba, Lɔkɔ ɛn Fula,

Krio ɛn Timini, Soso, Yalunka

Lɛbaniz, Kɔnɔ, Madinga ɛn Kru

Wetman dɛn kam wit dɛn "how do you do?"

Big ɔmbrɛla na fɔ ɛp wi mek wi ed nɔ sok.

So tɛl Gɔd tɛnki fɔ fambul tik,

We sɔmtɛm kin bɛn bɔt nɔ brok.


(Spoken interlude with music in the background):


Lɛ Gɔd blɛs ɔlman na Salon

Di wan dɛn we wi dɔn sing bɔt as wɛl as di ɔda trayb

dɛn:

Basa, Galinɛs, Gola, Kisi, Korankɔ, Krim, Manɔ,

Shebra, Vai

we tap na wi kɔntri

ɛn lɛ wi nɔ fɔgɛt trenja dɛn frɔm ɔda pat na Wɛst

Afrika

ɛn ɔl oba di wɔl

Lɛ wi liv togɛda, so dat Salon go bɛtɛ bambay.

ɛn dɛn Salon fambul obasi,

Lɛ dɛn nɔ fɔgɛt dɛn om—bay Gɔd in pawa.

**4:**

Kongoma, balanji, shɛgurɛ, bata

Myuzik fɔ ɔlman (fɔ granma ɛn granpa?)

Mɔnki bay pati ɛn pijin bay piya,-

Mɛsej fɔ Salonman niya ɛn fa:

Lɛ Gɔd blɛs wi, ɛn fɔgiv wi; lɛ wi lɛk wi om

ɛn ɛp wi fɔ bilɔp di "land that we love"

Di ples we wi kɔl "Salon."

Notes: 1.  Words inspired by Rodgers and hammerstein's "My Favourite Things" from *The Sound of Music*

2.  First two verses are semi-autobiographical.

OMAR FAROUK SESAY

## Podapoda

Dɛm bɔn dɛm pan podapoda
ɛn dɛm kam wit podapoda
fɔ kam podapoda
podapoda fɔ klos ɛn os
podapoda fɔ it ɛn mɛrɛsin
podapoda fɔ wetin blant dɛm
podapoda fɔ ɔltin
te dɛm fɛt podapoda wa
wit chakabula, kɔtlas ɛn ton
dɛm bɔku day pan podapoda
dɛm bɛr dɛm pan podapoda
ɛn lɛf dɛm pikin dɛm pan di sem podapoda
na di podapoda kɔntri
tide, ɔlman de podapoda fɔ sabi
di podapoda gɔd we mek dɛm podapoda pipul dɛm
ya
we nɔ sabi nɔ ɔda we fɔ du sɔŋtin pas fɔ podapoda.

## Ripɔblik ɔf yu go soba

Layt dɔn go
Pɔmp dɔn lɔk
Pɛtrol dɔn dɔn
Dɔkta nɔ de
Ticha dɔn trɛk
Rɛs dɔn dɔn
Salari nɔ de
Wokman dɔn vɛks
Mɛrɛsin dɔn dɔn
Uman dɔn baranta
Os de sɔkiya
Skul dɔn dɔn
Kaw dɔn lɔs
Kaw de it fitifata
Gras dɔn dɔn
Devidsin Nikul dɔn day
Baylɔ Bari dɔn day
Parebul nɔ dɔn
Kɔntri dɔn kam las
Pipul dɔn ɛmbam

Alaki nɔ dɔn

ɛmbam man dɔn angri

Angriman dɔn vɛks

Bosbos dɔn fɔdɔm

ɔlman dɔn kam ɛp

Bɔku dɔn day

Bosbos dɔn dɔn

Ripɔblik ɔf yu go soba

Nɔ gri fɔ soba

Pɔmp dɔn lɔk

Rɛs dɔn dɔn

A taya fɔ rayt.


## Wi bɛringrɔn dɛm

Sɔm pat na bɛringrɔn

ɔda pat na dɔtibɔks

Sɔm pat na kresman os

ɔda pat na latrin

Sɔm pat na garaj

ɔda pat na rare gyal os

Sɔm pat na tifman ples

57

ɔda pat na gyambul grɔn

Sɔm pat na dabaru grɔn

ɔda pat na kwari

ɔlsay na rɔbish dɔmp

ɛn wi kɔl am bɛringrɔn

We fɔ bɛr di wan dɛm we wi lɛk

ɛn di wan dɛm wi nɔ tu lɛk

Pan itanal rɔbish

We wi rap insay kasanke

Wit dɔst tu dɔst

ɛn rɔbish tu rɔbish sɛrimɔni

Wi tɔn go bak na wi os dɛm

ɛn bɛr wi sol dɛm we dɔn day

Insay wi bɛringrɔn bɔdi

We wi de pwɛl lɛk aw wi pwɛl

Wi bɛringrɔn dɛm

Mohamed Pa-Momo Fofanah

## Kɔntri we nɔ gɛt bɔda

Di trenja dɛm kam plɛnti na layn
Dɛm pas chɛkpɔynt dɛm we nɔ gɛt polis
Dɛm grit kɔntriman dɛm we nɔ sabi kɔla
We kin sheb dɛm land lɛk frut dɛm

Di kɔntriman dɛm bin de slip na famos
Dɛm bin de dig ɛn plant wit ol ol tul dɛm
It chɔp na pɔt dɛm we nɔ fulɔp
ɛn dɛm gi di trenja dɛm lɔ we nɔ de bɛt.

Di trenja dɛm bin drɛb di kɔntriman dɛm kɔmɔt na
dɛn os
Dɛm fam, dɛn skul, usay dɛm de kip mɔni, ɛn dɛm
grev dɛm
Di trenja dɛm yus di kɔntriman dɛm lebɔ ɛn swɛt
Fɔ kɔt kɔt di tik dɛm fɔ fɛn dayamɔn ɛn gold.

Di kɔntriman dɛm bin tinap ɛn tink,

59

Wɛn dɛn sabi di wahala we dɛm de pan

Dɛn bigin kil kil dɛn sɛf

ɛn it dɛn yon bɔdi sansantɛm.


Bɔt di kɔntri nɔ divayd

Ivin afta di wahala ɛn kil kil

Di kɔntriman dɛm bigin luk fɔ edman dɛm we gɛt

sɛns

So dat dɛm go protɛkt dɛm fam, skul, bank, grev ɛn

bɔda dɛm.


## Di mistek na di mirɔ

I kam

I wach

I nɔ gri

ɛn i go bak.


I kam bak

I kip to insɛf

Bɔt i bin kɔnfyus

ɔldo i sabi in wok.

I tap dis tɛm
I du in wok fayn
Bɔt dɛm trit am bad
ɛn trowe am na do.

Na naw di uman mɛmba
Di big mistek we i nɔ ɛva si
Na mirɔ yet:
Aw man lɛk fɔ het in kɔmpin.

### MOSES KAINWO

**Nɛt ɛn santɛm nɔto wan**

Nɛt ɛn santɛm nɔto wan
Bɔt santɛm tɔn to nɛt
Da baba go sote i go
I go sote i go i did go sote i go

61

Fatfut yay nɔto fɔ buk
Bɔt ɔltɛm i waydawek
I did go bɔt di yay si am
So dɛm lɛnt am kɔna yay

Nɛt ɛn santɛm nɔto wan
Bɔt i tɔn in san to mun
So i lɔa nyanga i lɔs bɛlful
Bɔt trit baptayz ɛn gi am nem

Bɔbɔ go lɛk aw titi nɔ kam
ɔmɔs nem yu wan go gɛt
yu nɔ kech yu nɔ ol
yu nɔ go kam bak so

Udat shumɔ os fiba
Udat shumɔ bɛringrɔn
Wɛn yu rich de yu dɔn rich om
ɛn yu mɔs rich de fɔ go om

**Watawas champyɔn**

Na watawas champyɔn
Na in no udat pwɛl
Na in no udat mek
Na in go ɛng in kyap na tik

I pwɛl di lɛda wit in mɔt
I mek am bak wit in tɔng
So wɛn i wan klem go ɔp
Lɛda nɔ de lɛda nɔ mek

I du di gud fɔ ɔlman
I du am bak fɔ insɛf
Bɛtɛ bɛtɛ wan fɔ dɛm
Bɛtɛ bɛtɛ wan fɔ insɛf

Watawas intɛgriti
Fɔ watawas champyɔn
I ol plɛnti wata
We tɔn am to pisabedi

## Nɔ SWING LƐKƐ MɔNKI

Nɔ swing lɛkɛ mɔnki, bak lɛkɛ dɔg
Nɔ swing lɛkɛ mɔnki, bak lɛkɛ dɔg
Lɛf, rayt, lɛf, rayt, lɛf, rayt, lɛf, rayt
Fɔwɔd go! Naw abawt fes tɔn!

Sajin Mejɔ wɛf, nɔ fiba yu kin slip
I yit Lɔndɔn, i wɛr Nyu Yɔk, ɛn jɔyn di pikin dans
I wɛr yuba fɛda, ɛn tay pisis na ed
I se, nɔ swing lɛkɛ mɔnki, bak lɛkɛ dɔg.

Prɛsidɛnt in bɔy de blɔf wit kaki sut:
I wok lɛkɛ pus fɔ fayv mɔndɔ,
ɛn i nɔ gri go liv, we i de flay lɛkɛ bɔd
I se, nɔ swing lɛkɛ mɔnki, bak lɛkɛ dɔg

Igbosio! Maskita layt sigrɛt
ɛn sɔk ɔlman blɔd—masta os, nani, ɛn pikin
We malaria kil mami, nani tek chaj,
I se, nɔ swing lɛkɛ mɔnki, bak lɛkɛ dɔg.

Pastɔ prich ebride, i kin prich wɛl wɛl

Nɔ fɔ waka biafut, na fɔ wɛr sɔks na nɛt,

Udat waka biafut, nain grɔnij go kil

I se, nɔ swing lɛkɛ mɔnki, bak lɛkɛ dɔg.


Yu nɔ yɛri gud gud? Pastɔ nɔ prich bad

I nɔ se fɔ liv bay du–mi–a–du–yu o,

I se na fɔ lik an usay pamayn de

I se, nɔ swing lɛkɛ mɔnki, bak lɛkɛ dɔg.


## PƆSIN NƆ DE


A sɛt mi yaya

A si sɔntin

A opin mi yay

A nɔ si tin


A si wan yay

A si wan yes

A si wan an

A si wan fut


65

Yu aks mi se
Wetin a si
A opin mi yay
A nɔ si tin

A si pap
We nɔ gɛt pikin
A si pikin we nɔ gɛt mami

I tek di brum
I bigin kray
Dɔti nɔ de
We pɔsin nɔ de

I tek in pɔt
ɛn kuk di rɛs
I bigin kray
We pɔsin nɔ de

Os nɔ bi os
Fam nɔ bi fam
Flawa nɔ de
We pɔsin nɔ de

Di yit tap na mɔt

Di laf tap na mɔt

Di kray tap na mɔt

Aaaah yaaaah pɔsin nɔ de


A set mi yay

A si sɔntin

A opin mi yay

A nɔ si tin

<u>AHMED MANSARAY</u>

## Kɔmplen nɔmba 2: Na yu

Aaaaaaaaaaaaaaaaaaaa kɔrɔpshɔn
    Na yu de drɔ wi klos biyɛn
      ɛn tay wi fut na tik
    Na yu dɔn dray wi na banda
      ɛn sɛl wi gi po

      Yu nɔ go blo pan wi
      Nɔto yu dɔn pwɛl ya

Aaaaaaaaaaaaaaaaaaaa kɔrɔpshɔn
    Na yu dɔn bɔs wi kunu so
      Naw wi de sink
Aaaaaaaaaaaaaaaaaa!!!!!!!!!!!!!

      Kɔrɔpshɔn
    Na yu dɔn bɔs wi yay so
    Na yu dɔn pul gboto na wi ed

Waiiiiiiiiiiiiiiiii
Wi de stil fil di pen we yu gi wi
Na wi bɔdi
Na wi yay
Waiiiiiiiii

Us kayn tin dis
Us trɛnkman dis
A het fɔ si am o
Bɔt ɛnisay a tɔn
I de de

Aaaaaaaaaaa kɔrɔpshɔn
Na yu dɔn miksɔp ɛn bɔksɔp dis ples
Yu nɔ go lɛf wi saful
Aaaaaaaaaaaaaaaaaa kɔrɔpshɔn
Yu na di dɔti we dɛn yuz fɔ bɛr wi
Yu na di grɔnpig we dɔn it ɔl wi pikin dɛn granat
Na yu dɔn distrɔy wi fawndeshɔn
Aaaaaaaaaaaaaaaaaaaaaaa

Yu dɔn kil wi
Yu dɔn dren wi bɔdi
Aaaaaaaaaaaaaaaaaaaaa kɔrɔpshɔn


**Kɔmɔt na do**

Kɔmɔt na do
ɛn sho se yu na man

kɔrɔpshɔn ɛn po
de pul klos pan wi na trit
nɔbɔdi nɔ de fɔ chalenj dɛm

kɔmɔt na do
ɛn sho se yu na man

wi ɔl dɔn tɔn tifman
wi ɔl dɔn tɔn begaman
wi ɔl dɔn tɔn majikman
wi ɔl dɔn tɔn layman

wi ɔl dɔn tɔn kresman

bɔt libaman nɔ de fɔ kɔmɔt na do

ɛn sho se in na man


Kɔmɔt na do

ɛn sho se yu na man


wi de wet fɔ unu

we de oba yanda

we nɔ gri fid wi

we nɔ bisin bɔt wi


wi de wet fɔ unu

we nɔ gri gi wi sop ɛn sapo

brum ɛn lamp

unu nɔ go kɔmɔt na do

ɛn sho se unu na man?


wi wan it

wi wan rid ɛn rayt

wi wan ples fɔ slip

wi wan mɛrɛsin

wi wan wok

unu nɔ go kɔmɔt na do
　ɛn sho se unu na man?


　　Papa
yu pikin dɛn de gyap gyap
　　　dɛn de kray
　　dɛn an de na jɔ
　　　dɛn yay rɛd
　　　　i ebi
　　　　i sɔri
　　dɛn de wet fɔ yu
　yu nɔ go kɔmɔt na do
　ɛn sho se yu na man?


Aw lɔng yu de prɔmis dɛm
Aw lɔng dɛm go de pan swɛt
　Aw lɔng pan biafut
　Gari ɛn shuga
　　Pɛmahun
Yu nɔ go kɔmɔt na do
　ɛn sho se yu na man?
Ustɛm dis wahala go dɔn
　Ustɛm wi go bɛlful

72

Tin jɛs de kpakpangɔ pan wi
   Unu nɔ go kɔmɔt na do
   ɛn sho se unu na man?

   Ren de sok wi
Maskita de kɔt fas wit wi bɔdi
   Dɔti dɔn dɔn wi
   Blakawt ɛn po
Dɔn blak ɛn babu wi fes
Unu nɔ go kɔmɔt na do
   ɛn sho se unu na man?

## Kɔmplen nɔmba 3: Jɔynan kɔnstrɔkshɔn kɔmpni

   Udat pwɛl ya
  Na wi ɔl pwɛl ya.

   Udat fɔ mek ya
  Na wi ɔl fɔ mek ya.

73

Nɔto bukman pwɛl ya
Na wi ɔl pwɛl ya
Nɔto pɔlitishian pwɛl ya
Na wi ɔl pwɛl ya.
Nɔto fɔrina pwɛl ya
Na wi ɔl pwɛl ya
Nɔto soja pwɛl ya
Na wi ɔl pwɛl ya

Lɛf fɔ grɔmbul
Na wi ɔl pwɛl ya
Na wi ɔl fɔ mek ya
Lɛf fɔ fɛt
Na wi ɔl pwɛl ya
Na wi ɔl fɔ mek ya
Lɛf fɔ kritisayz
Na wi ɔl pwɛl ya
Na wi ɔl fɔ mek ya
Lɛf fɔ
Na wi ɔl pwɛl ya
Na wi ɔl fɔ mek ya
Lɛf fɔ
Na wi ɔl pwɛl ya

Na wi ɔl fɔ mek ya

Pɔlitishian kam wit yu pawa
Lɛ wi mek ya

Mɔniman kam wit yu kɔpɔ
Lɛ wi mek ya

Jɔnalist kam wit yu pɛn ɛn pɔblisiti
Lɛ wi mek ya

Fɔrina kam wit yu fɔrin kɔrɛnsi
Lɛ wi mek ya

Bukman kam wit yu sabi
Lɛ wi mek ya
Biznɛsman ɛn libaniz
Unu kam wit unu kɔntakt ɛn influɛns
Lɛ wi mek ya
Soja ɛn rɛbɛl
Unu kam wit unu tatiks ɛn liba
Lɛ wi mek ya

Na wi ɔl pwɛl ya
Na wi ɔl fɔ mek ya...


## Lɔv jɔstis


Na so yu du mi
A gi yu mi at
Bɔt yu bit am na mataodo
     Waiiiiiiiiii
 A de kray fɔ jɔstis

Na so yu du mi
Yu dren mi lɛk dɔks
Lɛf mi na pɔtɔpɔtɔ
Wit sofut na mi at
     Waiiiiiiiiii

Wetin du mi ba
Fɔ lɛf mi fɔ mi padi
Wetindu yu listin to yu mama
ɛn padi dɛm bad advays?

Nɔto mi lus di rop na yu fut
   ɛn put kata na yu ed
nɔto mi kɔba yu foleŋ
   ɛn hach yu eg
way yu lɛf mi ba?

   Eeeeeeeeeeee mi
Yu mek ɔltin tɔnoba pan mi

   Switat
Na so yu du mi?
Bihol bihol a bin de mɛn dɔg fɔ gɔvmɛnt.


**Mi bebi**

A pul yu ɔplayn
Usay yu bin de ɔl dis ia
   ɛn gi yu sidɔm ples
bɔt yu kam tinap na mi ed
   lɛk mawnten fatfut
ɛn lan mi sɛns wutɛtɛ wan

yu yuz mi an
fɔ pul banga na faya
naw yu sidɔm
de it di banga to yusɛf
Ooo mi bebi
Yu it mi mɔni
Wutɛtɛ
Yu lay pan mi
Wutɛtɛ
Yu bigful mi
Wutɛtɛ.


Yu sɛl mi land ɛn prɔpati gi trenja
ɛn tɛl mi se
na zakat yu pul
waiiiii


yu brok mi at
wutɛtɛ
yu giwe mi prɔpati
wutɛtɛ
yu brok mi os

wutɛtɛ

yu kɔl trenja fɔ koboko mi pikin dɛn ed
    dɛm bit dɛm
        wutɛtɛ
    dɛm kil dɛm
        wutɛtɛ
    dɛm disgres dɛm
        wutɛtɛ

A bin fil se yu go kam wep di wata na mi yay
    ɛn kɔba mi wit ɔmbrɛla
        bɔt yu disapɔynt mi
            wutɛtɛ
    yu gi mi chɛst pen
            wutɛtɛ
        yu bitre mi
            wutɛtɛ

    yu rɔb ori na mi ed
wayl yu de it mi ɔndafut lɛk grɔnpig
    sɔk mi lɛk sɔkinblɔd
    krep mi lɛk krawo

ɛn sus mi wes na do
sote a tɔn rɛfyuji
naw a de kray
    wutɛtɛ
mi at de blid
    wutɛtɛ

yu prɔmis mi se a nɔ go slip angri
    ɛn yu go gi mi mɛrɛsin
    ɛnitɛm a sik
  swip mi yad ɛn bruk mi klos
  bɔt angri de wok mi
    wutɛtɛ
  mi pikin dɛm de day
    wutɛtɛ
  mi yad de smɛl
    wutɛtɛ

  Fambul dɛm
Na mi bin se a wan dis uman
ɛn pul am kɔmɔt na bush
  bɔt wata dɔn pas gari
  naw a wan mek i go

80

bɔt chans nɔ de

a de kray

wutɛtɛ

a de sɔfa

wutɛtɛ

mi pikin dɛm de kray

wutɛtɛ

dɛm de sɔfa

wutɛtɛ

wi ɔl de sɔfa ɛn kray

wutɛtɛ

## Nathaniel Adekunle Pearce

### Satide Mɔnin

Sup swit sup swit

Na mɔni kil am!

Satide fufu at fɔ kuk

Sɔntɛm na Tɔsde i kin stat

Di bitas kin dɔn de rɔb,

Egusi sɛf kin dɔn de pil.

Frayde fɔ fɛn bakyad plasas

Fɔ tren fufu ɛn put an dɔŋ.

Wud fɔ dɔn plit wit chips wansay

Satide mɔnin—na difrɛn tin.


Makit kin go pas tri tɛm sɛf

Fɔs fɔ smɔlgɔt, kanda ɛn sɔl

Dɛn nɛks fɔ fish, pamayn ɛn bif.


If na drɔ-sup yu fɛn lubi

If na miksɛd—wɛl nain dat.

Ijɛfaro, wata-bitas ɛn bɔlɔji,

ɛfɔinyɔri, It-brok-plet ɛn Igbolo.

Di kaw yon pat nɔ gud fɔ tɔk,

Ase! jabon, kawfut, fɔs pat krawn-krawn,

Tawɛl, big-gɔt, baybul, smɔl-gɔt.

Wɛn ɔl dɔn go na pɔt fɔ kuk

I tan lɛk antɛm fɔ nyu ia...

Kputu-kputu, kputu-kputu, kpɔtɔ-kpɔtɔ

Blo nos wep yaya, push wud, tɔn pɔt,

Bulɔm de pul swɛt de rɔndɔŋ

Plet bin dɔn was, wata dɔn gɛt

Papa de pas i si ɔl dis.

Mama de mura, Serian de yagba

Taywo ɛn Dowu dɛnsɛf de tray

Papa si dis in ed so big

I wisul

*Welkɔm api mɔnin*

*Ej tyo ej shal se!*

### *Di nyu Krio*

Masi sɔntin dɔn mit wi o!
Nyu Krio dɔn bɔs na tɔŋ
Fambul, opin winda opin yes,
Opin yay lɛk Owiwi
Sɔntin de bi, usay yu de?

Fɔs na di tɔŋ ɛn pipul chenj
Dɛn di langwej in tɔn swɛt-rag
Fɔ wep wi fes, wi nos, wi mɔt.

A gri se tin kin chenj sɔntɛm
Bɔt chenj lɛkɛ dis luk mɔna smɔl.

*A de go ɛn tɔk!*

Us wan dis?

*A de kam ɛn rɔn.*

We yu min?

84

*Na wi tu ɛn yu.*

We yu se?

*Wi bin de pan kam.*

Wɛl nain dat.

*Na wi tu bin fɔs.*

Ma!

*A de go pan bɛrin.*

Wans egen!

*Mi na bɔn ɔf Makeni.*

Wat!

*Na fɔ bay–fos am*

Wɛl dis dɔn pan ple.

Sɔntɛm kin de wɛn tin trɔng

Wɛn yu kin gɛt fɔ se smɔl mɔ

Opin yu yes, listin to dis…

*Sɔfanɛs ɛn sɔriful*

*Sɔrinɛs ɛn mɔnamɛnt!*

Bɔt dat nɔ swit rich…

*A lɛf gi am di bred.*

*Na in wɛf wit am.*

*A bay fɔ yu granat.*

Masi sɔntin mit wi!

Dis nyu Krio na ɔda tin.

I nɔ tan lɛk trade yon.

Frɔm Orubɔ sote tide

Wi nɔ si tin lɛk dis wan ya.

## *Nemsek*

Fɔ bɔn pikin ɛn gi am nem
Dat siriyɔs pas ɛni kayn gem.
ɔl pikin bɔnm wit in yon nem
ɛn nɔn tu bɔn nɔ bi di sem.

Fɔs tɛm mami kin luk os fɔs
Bifo i kɔl bɔbɔ Rufɔs.
Wɛn saro kɔmɔjade so
I mɔs dɔn si aw tin go go.
So if i kɔl titi sɔro
ɛn kɔl in big sista Moro
I mɔs dɔn si aw tin go go.

Bɔt naw wi gi dɛn pikin nem
We kin ɔlwez mek wi shem.

Dɛn tide nem na lɛk wan-pɔt
We ɔltin jam ɔltin miksɔp.

Bo duya yu we bɔn trade

Tɛl mi wetin dɛn nem ya min...

Wɛn Mɔmɔ ɛn Silvia bɔn pikin
Dɛn kɔl di pikin Mɔmɔvia.
Wɛn Abdulay ɛn Karolayn
Dɛn gɛt dɛn yon *Gɔd-givin-chayld*
Dɛn gi am nem Abdulina.

Mis Lɔrɛta ɛn Soriba
Dɛn kɔl dɛn yon Sorieta
Da ɔda wan nem Mɔliana.

Wetin yu wan tɔk bɔt nem
We nem na tu fɔ pɛni naw?

Ashɔbi nem sɛf dɔn de naw
Mɔmi, Dadi, ɛn Juniɔ.

Jɛs pik di nem lɛk aw i bi,
Na so di chayld go jɛs de go
Lɛk lif wɛn tinada de blo.

A stil biliv wi pipul dɛm
We se fɔ luk os fɔs bifo yu
Gi pikin in nem.

A no tu tri we gɛt ol nem
A se dɛn nem nɔ lay at ɔl.

Yu go na os i nɔ de de
Yu pas na trit yu mɔs mit am
Bikɔs i nem Abiɔnɔ
Di pikin we dɛn bɔn na trit.

If bɔbɔ lan fɔ fɛt na trit
ɛn chakra wɛn di chɔch de kip
Put yu at dɔŋ na so i tan.
Nɔto yu kɔl am Balogun sa
We min big-man na soja fil?

Nɔ kɔl bɔbɔ Ojumiri
Lɛ i nɔ tek yu yay si tin
We yu yon mami nɔ bin si.

Nɔ vɛks pan yu wɛf egen ya

ɛn se i lezi ɛn lɛk bit taym.

Dɛn nɔ bin tɛl yu we i nem

Bifo yu tek am put na yu os?

Bo lɛf alafia saful ya.


Ade na gud nem fɔ pikin

I jɛs min krawn ɔ mayti kiŋ.

Bɔt tek tɛm pik wetin fala

Bikɔs na dat yu gɛt fɔ fred.


| | |
|---|---|
| Adekunle | Adebayɔ |
| Adetunji | Adebuale |
| Ademide | Adejɔbi |
| Adeboinde | Adedayɔ |


Yu tek tɛm pik wetin go fit.


Wetman nem sɛf dɔn fɔni naw

Rikit bɔbɔ nem "Ristodimus"

Banana bɔy in nem "Arkhurst."


Wi no wisɛf bay nem

Wi no wisɛf bay nechɔ

Sho mi yu nemsek
Mi go tɛl yu aw yu tan.


<u>Ellen Cline-Cole</u>


**Tranga tenda**


Mi padi yu mɛmba,
Las ia Sɛptɛmba,
We da lawd lawd tɛnda
Krak na wi viranda?


A rɔn go to Pa Dɛmba
We na mi gud gud neba,
I bin de tɔk wit Amba,
We lɛk fɔ dans gud rɔmba.


A begin yɛri dɛn tɔmbla,
De shek shek oba yanda,
Na so a sidɔm ɔnda
Wan big tebul de wɔnda.

91

Da fayn fayn got kanda,

De dray pan da wayd banda,

Na di tranga tɛnda

Mek Alafia fɔgɛt am yanda.


Dɛn brɔda nɔ gɛt kɔba,

Fɔ rɔn go lɔk dɛn winda

Bikɔs na big big tinada

Dɔn fala dis tranga tɛnda.


## Renbo


Di yawo dɔn kɔmɔt na do,

Tide di renbo nɔ ayd o,

Luk in fayn fayn kɔla dɛn bo!

We fiba ɔmɔ in Sɔnde salad na wi os,

Dɛn tit ɛn bɔbɔ de sing, "Babu de bɔn pikin na

bush;"

ɔlman sɛf blo kam dɔŋ

Di ren dɔn fɔdɔm dɔn,

Kɔzin, una lɛ wi kpalɛmɔ lɛk fritambo go dɔŋ

Di kotokoto rod fɔ go na tɔŋ.

## NOTES ON CONTRIBUTORS

The late **Dele-Charley, Raymond** was a dramatist and teacher. He contributed immensely to the development of the theatre in Sierra Leone. He wrote many plays but was best known for *The Blood of a Stranger* which he wrote in the early 70s.

**Cline-Cole, Ellen: N/A**

**Davies, Clarice: N/A**

**Decker, Thomas** was born on July 25 1916 in Nigeria, Thomas Alexander Leighton Decker, was a multi-talented Sierra Leonean. He was a teacher, journalist, broadcaster, poet, dramatist, linguist and senior civil servant. Although he was born in Nigeria, after his father's death in 1920, Thomas Decker returned with his family to Freetown. In Freetown, Decker attended the local Christian Missionary School and later entered the Teacher training Department at Fourah Bay College. But after his training as a teacher, Thomas Decker only taught for 18 months after which he pursued a career as a journalist and writer. In a 1987 journal article, Neville Shrimpton said this about Decker: "At a time when others dismissed Sierra Leone's main lingua franca as a debased or corrupt form of English and failed to recognize its distinct identity and full potential, Thomas Decker never oncew faltered in his conviction that it was good a language as any other."

**Faulkner, Archimedes Cornelious Ebenezer** was born to James Omodele Dalton Faulkner and Tinny Hannah Modupeh Faulkner of 37 Soldier Street in Freetown, Sierra Leone. A descendant of free and liberated African slaves, he grew up with a keen sense of his heritage. His interest in the Krio language started in his early teenage years as he read Krio stories written in Krio by his late uncle, Professor Awadagin Williams. Archimedes attended the Ferguson Street Municipal School, the Fattah Rahman Municipal School, and the Prince of Wales School. After completing his secondary education, he joined Barclays Bank (SL) Ltd. After ten and a half years of service, he proceeded to England and the United States for further studies. He holds a BBA in International Business, and an MBA in Finance. He is currently a Registered Financial Consultant, RFC, providing financial services to individuals and small to medium size businesses. He is married to Josephine and their marriage is blessed with Tinny, Awadagin, and Omodele. He is currently a Trustee of the Mesquite Independence School District in Texas and also a member of the Board of Directors of the Misquite Social Services.

**Fofanah, Mohamed Pa-Momo** is a Barrister and Solicitor, a researcher and writer. He is currently practicing law in Sierra Leone. He holds an LL.B. (Hons.) degree from the University of Sierra Leone, and an LL.M. from Harvard Law School.

**Elvis Gbanabom Hallowell**, born in 1965 in Sierra Leone, is a journalist and poet. He attended the Birch Memorial Secondary School in Makeni and the Milton Margai Teachers College, Freetown, now the

Milton Margai College of Education and Technology. Gbanabom earned a Master of Fine Arts degree (MFA) from Vermont College in the United States of America. He is the author of twop volumes of poetry, *Dreambeats of War* and *My Immigrant Blood* and *The lust of Cain* (two novellas). He was the Country Director for Sierra Leone of the Canada-based NGO, Journalists for Human Rights (JHR). Gbanabom Hallowell is currently the Director of the newly established Sierra Leone Broadcasting Corporation.

**Hayford, Gladys Casely** was a poet, musician, dramatist and storyteller. She was the daughter of Adelaide Smith Casely Hayford an "African Victorian feminist," and Joseph Ephraim Casely Hayford, a "visionary Africanist and African nationhood leader." Gladys May Casely Hayford was born in Axim, Ghana but spent most of her life in Freetown, Sierra Leone. She started writing poetry at an early age and "many of her works were published in both West African and American journals and newspapers." In a recent biography of Gladys

96

Casely Hayford, Yema Lucilda, a Sierra Leonean writer, says that Gladys Casely Hayford's "place in the cultural history of Sierra Leone and Ghana seems to have been lost," and that the biography, *An African Treasure: In search of Gladys Casely Hayford, 1904–1950*, "is an attempt to remedy the situation as well as tell her life story."

**Jones, Eldred Durosimi** is a Sierra Leonean educator, scholar, and literary critic. Professor Eldred Jones was Principal of Fourah Bay College, University of Sierra Leone, in the early 80s. He is most reknowned for his book, *Othello's Countrymen: A Study of Africa in Elizabethan and Jacobean Drama.* He was for many years the editor of African Literature Today, a premier journal of African Literature. Professor Jones is a distinguished scholar who has done a lot to promote Wole Soyinka's work.

**Jones, Emile K.** (b. 1950 in Freetown) is an ordained Anglican priest who studied English, History, Theology and Linguistics at Fourah Bay College. He

taught Old Testament at FBC in the early 80s and was Asst. Chaplain. He also studied in the UK and Germany. His M.A. in Linguistics was on 'Varieties of SL Krio' whilst his M.Phil in Theology was on 'The interpretation and translation of Psalm 68.'
Emile's interests include music, sports and reading (esp. auto/biographies, ancient civilizations, the history of languages and Bible translations over the centuries. He is married to Myna and they have a daughter and a son in their 20s.

**Johnson, Wiltshire**: The late Dr. Wiltshire Johnson was a chemist trained in the USSR and the USA. He was a lecturer in the department of chemistry at Fourah Bay College for many years, and later became a minister of Health. He now heads the government's science education department.


**Kainwo, Moses** is a Sierra Leonean and was born in 1955. He has been president of the Falui Poetry Society since 1993, Chair of the Krio Literacy Working Group---a committee that works in collaboration with the Institute of Sierra Leonean Languages (TISLL). Kainwo won an Award from the

Sierra Leone PEN in January 2005, for promoting poetry in Sierra Leone.

**Kamarah, Sheikh Umarr** is currently a Professor of English and Linguistics at Virginia State University, in the United States of America. He has written two volumes of poetry and a grammar book on Temne (Kʌ Themnɛ), as well as several book chapters, and articles in refereed journals on linguistics and literature. He earned a B.A. (Hons) in English from Fourah Bay College, University of Sierra Leone, an M.A. in linguistics from Leeds University in England, and a Ph.D. in African linguistics from the University of Wisconsin at Madison.

## Mansaray, Ahmed

Ahmed Mansaray is a talent whose works shows a potential for great height ion the literary world.

Ahmed is a B.A.Dip.Ed graduate of Fourah Bay

College. In 1996, two of his works, The Peace Tree
and L'Amitié, won a first prize each on a literary
competition organized by the United Nations and
the Alliance Française respectively, on peace in
Sierra Leone.

Born in 1975, Ahmed is now the founder and
Director of Institut de Française. His articles have
also appeared in foreign journals one of which is le
theatre en Sierra Leone.

Actor, film director and media man, Ahmed has also
written plays and poems in French and English,
most of which were performed by the cultural group
of the Alliance Française Freetown and leading
theatre groups in Sierra Leone.

**Marke, Roland Bankole** is a Sierra Leonean writer, poet and songwriter, based in Florida, USA. He is the author of three books: *Teardrops keep falling, Silver Rain, and Blizzard* (poetry collections), and *Harvest of hate:* stories and essays (fuel for the soul). His writing has appeared in The Guardian Weekly, World Press, Free Press, Florida TimesUnion, Pambazuka.org and Kenya London News.

**Pearce, Nathaniel Adekunle: N/A**

**Pratt, Daphne: N/A**

**Pratt, Edmund** (BA Hons) was born in Wales. He is the grandson of Dr. W.E.A. Pratt (first black president of the Methodist conference, educationist and preacher). He was educated at the Prince of Wales school, the Milton Margai College of Education and Technology (MMCET), formerly known as Milton Margai Teachers College (MMTC), University of Arts London—Camberwell College of Arts and London School of Printing. Edmund was an

Art teacher at Convent Girls School, Methodist Boys High School and the Prince of Wales School in Freetown. Edmund started writing poetry and composing music when he was about six years old. He is also a keen musician, amateur photographer and videographer. Edmund works for the NHS in London as ICT engineer. He is married and has two children.

**Omar Farouk Sesay** is a leading Sierra Leonean poet. He read Philosophy and political science at Fourah Bay College, University of Sierra Leone. In 2007, he published his latest collection entitled, *Salute to the remains of a Peasant*. He has authored several plays for the Sierra Leonean theatre.

# SIERRA LEONEAN WRITERS SERIES

Focusing on academic, fictional, and scientific writing that will complement other relevant materials used in schools, colleges, universities and other tertiary institutions, the Sierra Leonean Writers Series (SLWS) aims to promote good quality books by Sierra Leoneans, writers of Sierra Leonean descent from around the world, and writers writing on or about Sierra Leone. It is the publisher's hope that students and other readers in Sierra Leone will be the primary beneficiaries of these new works. People in Sierra Leone will be able to read materials that relate to their own lives and experiences, budding writers will also be able to draw inspiration from the efforts of their compatriots and other established writers.

Submitted work undergoes a rigorous peer review process before being accepted for publication, with an international editorial board providing guidance to writers.

For further information, please visit our website:
www.sl-writers-series.org

**Prof. Osman Sankoh (Mallam O.)**
Publisher, SLWS
publisher@sl-writers-series.org

**Ms Fatmata Sankoh**
Business Manager, SLWS
Fatmata.Sankoh@sl-writers-series.org
Writersseries.sl@gmail.com

Printed in the United States
By Bookmasters